RÉFLEXIONS

D'UN ÉLECTEUR

SUR

LE PROJET D'INDEMNITÉ

POUR

LES ÉMIGRÉS.

A METZ,
DE L'IMPRIMERIE DE CH. DOSQUET.

DÉCEMBRE 1824.

RÉFLEXIONS

D'UN ÉLECTEUR

SUR L'INDEMNITÉ A ACCORDER AUX ÉMIGRÉS.

LE dernier discours émané du trône donne lieu de croire qu'une proposition tendant à accorder une indemnité aux émigrés doit être soumise aux chambres pendant la prochaine session. Cette grande question intéresse la généralité des Français ; et, jusqu'au moment où la loi sera rendue, tous ont le droit de l'examiner et d'en discuter les dispositions. Je me crois, en conséquence, autorisé à rechercher sur quelles lois les émigrés fondent leurs droits à une indemnité ; à quel titre elle peut leur être accordée ; enfin quels sont ceux qui peuvent y prétendre. Car l'émigré, à qui on restitue la totalité ou partie de son bien, ne peut envisager la loi que dans son intérêt privé, tandis que le jurisconsulte doit l'examiner sous des points de vue moins bornés. Il doit discuter la justice de la mesure, prévoir si la répartition de l'indemnité sera faite également entre toutes les parties lésées, et indiquer les moyens de conserver les droits des tiers intéressés. Cette discussion, bien approfondie, peut seule mettre le législateur en situation de juger des effets que produira l'exécution de la loi projetée.

Avant d'entrer en matière il n'est pas inutile de se rappeler la distinction que Grotius et tous les publicistes font entre le *souverain de fait*, ou le conquérant, et le *souverain de droit*, ou le propriétaire, puisque, de cette définition, doit résulter pour nous la solution des questions que nous avons à examiner. D'après l'avis de ces écrivains, le gouvernement de fait a le droit de percevoir les impôts et de s'emparer de tout ce qui est transportable, comme meubles, choses mobilières et revenus, pendant la durée de son existence ou de son occupation, sans qu'il y ait lieu, de la part du souverain légitime, ou du gouvernement de droit, à reclamations pour les revenus perçus ou pour le mobilier enlevé : tandis que le territoire, ou l'immeuble, ne peut s'acquérir que par des traités ou transactions, à défaut desquels il reste toujours la propriété du souverain de droit, qui s'en remet en possession lorsque la paix est venue rétablir l'ordre, malgré les aliénations qui auraient pu être faites pendant l'occupation du souverain de fait.

Ces principes fondamentaux ont servi de base à tous les traités de paix, et notamment à ceux de Nimègue et de Riswick.

Ainsi donc, l'émigré, propriétaire de droit, a bien pu être privé de la jouissance de ses biens, tout le temps que les troubles de la révolution ont duré; mais au retour de la paix, c'est-à-dire au moment de la rentrée du souverain légitime, il a eu, par ce seul fait, droit de prétendre à être remis en possession de ses immeubles envahis, sans cependant pouvoir rien réclamer à titre de non-jouissance, de meubles ou choses mobilières enlevés.

Mais le Roi, à l'epoque de la restauration, ayant

reconnu que la tranquillité de l'état exigeait que les émigrés fissent le sacrifice de leurs propriétés aliénées, afin que ceux qui les avaient acquises sous le gouvernement de fait pussent en jouir avec sécurité, a ratifié et validé par la charte les ventes faites pendant l'usurpation de la puissance royale. Cet acte, fondé sur un droit inherent à la souveraineté, que les publicistes appellent *droit de domaine éminent*, ne peut plus laisser à l'émigré spolié que de justes prétentions à une indemnité : car il est incontestable que le gouvernement a la faculté de s'emparer d'une propriété particulière, toutes les fois que des motifs d'utilité ou de paix publique en exigent le sacrifice. Mais le citoyen, ainsi dépossédé, ne peut être privé de sa propriété sans une juste indemnité. (Grotius, Bodin, Puffendorff; code civil, art. 545, et art. 10 de la charte.) Par ce dernier acte, le Roi a sanctionné l'opinion des publicistes sur la différence qui existe entre le gouvernement de droit et le gouvernement de fait, et il résulte des principes généraux que nous venons de développer, que l'émigré a effectivement droit à une indemnité; mais que cette indemnité ne peut lui être allouée qu'à titre de justice.

Voyons, maintenant, quelles sont les prétentions que les émigrés peuvent élever : car l'opinion générale est que l'indemnité qu'on leur destine ne doit porter que sur les immeubles vendus, et non sur les créances constituées, remboursées au gouvernement, ou dont il était lui-même débiteur; et il est évident que cette manière de régler l'indemnité serait aussi opposée aux droits des émigrés que contraire aux principes et aux lois qui régissaient la matière au commencement de la révolution et dont il serait injuste de s'écarter. En effet, selon tous les jurisconsultes, les biens, de quelque nature qu'ils soient, sont meubles ou immeubles; et, d'après presque toutes les coutumes, on ne peut ranger que dans la classe des immeubles les offices et les rentes foncières constituées à prix d'argent, attendu que ces contrats ont été soumis au purgement des hypothèques ainsi qu'à la retenue du 20.ᵉ, pour tenir lieu des contributions, et que ce n'est que par l'art. 7 de la loi du 11 brumaire an VII (11 novembre 1793) et par le code civil, que ces effets ont été mobilisés. (Voyez Bourjon, liv. 2, titre et chap. 1.er, art. 1, 3, 4, 7, 8, 9 et 10; ordonnance royale de 1787; lois des 20 juin 1791, 30 juillet 1792, etc. ainsi que deux arrêts de la cour de cassation des 12 décembre 1823 et 12 mai 1824, qui tous deux décident que les contrats constitués avant la loi du 11 brumaire an VII étaient de véritables immeubles.)

Les créances sur l'état doivent de même être considérées comme immeubles : car elles ont été constituées à prix d'argent, sur contrats publics passés à Paris; et, par la coutume de la capitale, ces rentes étaient rangées dans la classe des immeubles. L'ancienne jurisprudence n'a pas varié sur ce point; et ce n'est qu'en exécution de l'art. 161 du décret du 24 août 1793, que les créances de cette nature ont été mobilisées. Aussi jouissent-elles de l'avantage que la loi leur accorde d'être affranchies de la retenue de l'impôt, tout le temps qu'elles restent meubles; mais dès l'instant qu'un particulier les immobilise, il paraîtrait juste de les assujétir à une retenue proportionnelle pour tenir lieu de la contribution foncière qui pèse en France sur tous les immeubles. Ainsi donc, puisqu'il résulte des principes de jurisprudence que nous venons d'invoquer, que les contrats et rentes sur l'état sont de la nature des immeubles, il est évident qu'ils n'ont pu légalement être aliénés par le gouvernement de fait.

Cette manière d'envisager la question n'est pas nouvelle; elle me paraît avoir dirigé la rédaction du senatus-consulte du 6 floréal an X (26 avril 1802). Car, après la disposition qui ordonne la remise, sans restitution de fruits, des biens des émigrés, encore existant entre les mains du gouvernement, on excepte de cette mesure les bois, les bâtimens ou immeubles affectés à un service public, les droits de propriété sur les grands canaux de navigation, et enfin les créances qui leur appartiennent sur le trésor public. On doit conclure de cette distinction, que les rédacteurs de cet acte connaissaient parfaitement la différence que la loi et les jurisconsultes établissent entre les meubles proprement dits et les meubles réputés immeubles : car les meubles ou fruits étant, comme nous l'avons dit, à la disposition du souverain de fait, si les créances sur l'état eussent été rangées dans la même classe, leur séquestre subsistait par la restriction *sans restitution de fruits ou choses mobilières*.

Les réserves dont nous venons de parler ne sont pas faites dans la loi du 5 décembre 1814, relative aux biens d'émigrés non-vendus. Par l'art. 2 de cette loi, le Roi ordonne que tous les biens immeubles non vendus et qui faisaient partie du domaine de l'état soient remis aux mains de leurs anciens propriétaires. Par l'art. 6, on abandonne, en leur faveur, toutes les propriétés que l'etat a reçues en échange de leurs biens; et par les art. 9 et 10, ont dû leur être remis, aux termes de l'art. 2, c'est-à-dire, à titre d'*immeubles*, les rentes purement foncières, celles constituées, ainsi que les actions sur les canaux de navigation; mais, dans cette loi, il n'est pas fait mention des créances sur l'état, parce que ces valeurs ne sont autre chose que des rentes constituees à prix d'argent, qui, d'après la coutume de Paris où elles ont été créées, sont de véritables immeubles; et qu'il suffisait d'indiquer, comme on l'a fait dans l'art. 9, les biens qu'on voulait rendre. D'ailleurs, pour lever toute incertitude, s'il pouvait en exister sur l'intention du législateur, les art. 7 et 8 de la même loi indiquent les biens qui ne sont pas susceptibles d'être rendus, et il n'y est fait aucune mention des rentes sur l'état, quoique celles-ci soient comprises dans les exceptions de l'art. 17 du senatus-consulte du 6 floréal an X.

L'on ne rend ces créances aux émigrés que parce qu'elles sont considérées comme *immeubles*, et qu'on sait que le souverain de fait n'avait pas le droit de s'en emparer; tandis que, par l'art. 3 de la loi, on excepte les fruits perçus, parce qu'ils sont devenus légitimement la propriété du souverain de fait.

Ceux qui ne connaissent pas tout le dévouement des émigrés doivent être surpris de voir que, d'après cette loi, ils n'aient pas réclamé le prix des rentes constituées, remboursées au domaine, ainsi que leurs créances sur l'état. Tout le monde sait que le trésor restait nanti des unes, tandis qu'il conservait entre ses mains le prix des autres. Mais leur étonnement cessera lorsqu'ils sauront que les émigrés sont prêts à tout sacrifier au bonheur d'assurer la tranquillité publique; et que, satisfaits de voir regner l'auguste famille des Bourbons, ils renonceraient, pour jamais, à faire valoir leurs droits, si leurs reclamations pouvaient devenir un motif de désunion, et attendront en silence les heureux effets de la justice et de la bonté de leur souverain.

Cependant, l'indemnité promise aux émigrés étant non-seulement un grand acte de justice, mais encore la consécration des principes qui régissent toutes les propriétes individuelles, et, par cela même, intéressant tous les Français, sur lesquels il ne peut plus y avoir de confiscation, il semble permis de faire connaître tous les titres que les émigrés ont à obtenir une juste indemnité de leurs pertes; le Roi ne pouvant (tous ayant un droit égal) vouloir indemniser les uns et priver les autres de leurs propriétés.

L'indemnité doit donc porter sur tous les immeubles, de quelque nature qu'ils soient. S'écarter de cette disposition serait sanctionner les décrets spoliateurs des divers gouvernemens de fait, et cette mesure serait d'autant plus injuste, que l'application de ces decrets serait exceptionnelle.

En traitant des principes, il est inutile de s'occuper de la quotité des sommes nécessaires pour solder l'indemnité due. Cependant, comme on doit naturellement objecter qu'en comprenant dans les créances susceptibles d'être admises celles qui, aux yeux de la loi, sont considérées comme de véritables immeubles, l'état ne pourrait faire face à la dépense, je réponds d'avance que le montant de la dette ne doit entrer pour rien dans l'application des principes; que l'indemnité ne pouvant être accordée qu'a titre de justice, si le gouvernement ne peut effectivement pourvoir au remboursement intégral des sommes dues, les fonds affectés à ce remboursement doivent être répartis également et au marc le franc, entre les ayant droit.

On se tromperait étrangement si l'on croyait éluder la difficulté en objectant que la loi n'est pas seulement un acte de justice; que son principal but politique est surtout de tranquilliser les détenteurs de domaines nationaux; mais ces derniers sont aussi des Français, dont la sécurité repose sur la parole sacrée des Bourbons; et ils n'ont jamais craint d'être inquiétés dans la jouissance de leurs propriétés, tant que ces princes régneront sur la France. D'ailleurs, si tel est en effet le but qu'on se propose, il est évident qu'on ne pourrait l'atteindre en refusant à l'émigré le remboursement de ses créances constituées; car le clergé se trouvait débiteur de sommes considérables, empruntées par contrats de constitution, sur hypothèque; or les émigrés se trouvaient possesseurs d'une grande partie de ces titres; et il est évident qu'en n'indemnisant ces derniers que de la valeur de leurs propres biens vendus, on pourrait bien, à la vérité, ajouter à la tranquillité des acquéreurs de ceux-ci, mais qu'on augmenterait d'autant plus les inquiétudes

des acquéreurs de domaines ecclésiastiques ; que l'émigré, comme tout prêteur, avait hypothèque sur les biens de ses debiteurs ; que la réunion de ces immeubles au domaine de l'état, ainsi que les aliénations opérées par le gouvernement de fait, n'ont pu changer la nature des contrats ; qu'en droit, la prescription ne peut s'acquérir contre qui ne peut agir ; que, pendant la révolution et sous l'autorité du gouvernement de fait, l'émigré se trouvait dans l'impuissance de faire aucun des actes conservatoires prescrits par l'art. 42 de la loi du 11 brumaire an VII ; et qu'enfin le Roi de France, en ratifiant par la charte toutes les ventes de domaines nationaux, ayant ôté aux émigrés tous les moyens de renouveler les inscriptions prises pour sûreté de leurs créances, doit les en indemniser, afin de mettre un terme aux inquiétudes des acquéreurs.

Nous disons donc, comme une vérité incontestable, que l'indemnité (soit qu'on la considère comme acte de justice, ou comme mesure politique) doit porter, sans distinction, sur tous les biens immeubles des émigrés, quelle que soit la nature de ces propriétés.

Cependant l'émigré ne peut prétendre à être traité plus favorablement que les Français qui, n'ayant pas quitté la France, n'ont pas été frappés de confiscation ; et la loi du 9 vendémiaire an VI (30 septembre 1797) ayant réduit au tiers toutes les créances sur l'état, celles que possédait l'émigré sur le gouvernement, le clergé, les provinces ou les communes, dont l'état s'est chargé en s'emparant de leurs biens, doivent naturellement subir la même réduction ; et quant aux rentes foncières ou constituées, dont le gouvernement a touché la valeur, on ne peut tenir compte à l'émigré que des sommes effectivement versées au trésor.

Après avoir déterminé les droits des émigrés, il est également juste de s'occuper de ceux de leurs créanciers. Mais, dans cette discussion, ne perdons pas de vue que l'indemnité ne doit et ne peut être accordée qu'à titre de justice et non à titre de grâce. Il résulte de cette distinction, que le débiteur émigré ne peut refuser de payer la totalité des dettes qu'il avait contractées (à l'exception de celles dont le gouvernement a remboursé la valeur), s'il est indemnisé intégralement du montant de ses pertes : dans le cas contraire, ses créanciers ne peuvent exiger leur remboursement qu'au prorata de l'indemnité qui lui sera allouée et qu'il aura reçue, sans autres intérêts que ceux courus à dater du jour de la promulgation de la loi. Cette mesure est une conséquence naturelle des principes d'après lesquels nous avons établi les droits des émigrés à une indemnité : mais, comme nous l'avons dit, vu que la prescription ne peut s'acquérir contre celui qui est hors d'etat d'agir, le fait d'émigration privant momentanément le créancier de la faculté de renouveler et d'assurer son titre ; une partie de ces créances n'étant d'ailleurs constatées que par des actes sous seing-privé, la loi à intervenir doit renfermer un article conçu dans le sens de l'article 8 de la loi du 9 ventose an XII (29 février 1804), et portant que la prescription, la péremption d'instance et le pourvoi non échu avant la sortie de France de l'émigré, ne courront qu'à dater du jour de la promulgation de la loi d'indemnité.

La liquidation des droits des émigrés décédés pendant les différentes périodes de la révolution, doit aussi présenter des questions dont la solution intéresse non-seulement leurs héritiers, mais encore les créanciers de ces derniers : car, jusqu'au décret du 5 brumaire an II (26 novembre 1793), les dispositions testamentaires étaient réglées et les successions se partageaient suivant les coutumes et usages des différentes provinces. Cette loi a posé les principes d'une nouvelle législation; mais ce n'est que par le décret du 17 nivose an II (6 janvier 1794) que les droits des ascendans, descendans et collatéraux ont été réglés, tant pour les successions ouvertes depuis le 14 juillet 1789, que pour celles qui s'ouvriraient par la suite. Ce décret n'a subi, par celui du 9 fructidor an II (26 avril 1794), quelques modifications, que relativement à la rétroactivité admise par le décret du 17 nivôse an II (26 avril 1794), et ces décrets ont réglé les droits des tiers, qui n'ont été changés que par la promulgation du code civil.

Quelques personnes pensent donc que l'indemnité à accorder aux émigrés décédés doit être partagée entre les héritiers qui, d'après le code civil, peuvent y avoir droit.

Nous ne partageons pas cette opinion; car s'il pouvait entrer dans les intérêts d'un gouvernement de fait de faire mourir fictivement les citoyens pour s'emparer de leurs biens, un gouvernement légitime et réparateur ne peut les faire vivre plus longtemps que la nature ne l'a voulu, afin de régler le partage de leurs successions suivant des lois postérieures à leur décès. S'il agissait ainsi, des héritiers qui, au moment de la mort de leurs parens, n'étaient pas appelés par les lois à profiter de leurs successions, viendraient en dépouiller ceux qui y avaient légitimement droit.

L'on se tromperait cependant si l'on pensait que d'après cette opinion je voulusse que les successions des émigrés, relativement à l'indemnité, fussent partagées d'après les lois existantes au moment du décès de l'émigré; car il n'a quitté le sol de la patrie que pour se soustraire à l'application des lois qui journellement émanaient des divers gouvernemens de fait, et son émigration étant une protestation publique contre leurs actes, ils ne peuvent lui être appliqués; et attendu qu'il ne s'est pas rétracté, les lois qui doivent régler le partage de son indemnité sont celles qui étaient en vigueur avant le décret du 5 brumaire an II (26 novembre 1793).

En examinant la partie financière du projet, il ne faut pas se laisser effrayer par le milliard, et plus, que le directeur des domaines, dans son travail, présente comme la valeur des propriétés foncières des émigrés, aliénées. Cette évaluation, faite sur les baux, les procès-verbaux d'estimation et les actes de vente, me paraît établie sur de fausses bases. Car les baux (que l'administration des domaines n'a pu se procurer qu'en petit nombre) comprenaient, pour la plupart, des redevances féodales; souvent ces baux n'étaient que verbaux, et parmi les biens confisqués il se trouvait des propriétés non affermées et non susceptibles de l'être. L'on sait, d'ailleurs, que les dispositions de la loi qui avaient pour but de prévenir toute erreur dans l'estimation des biens, n'ont pas toujours été rigoureusement observées, et que même, dans quelques départemens, les procès-verbaux d'expertise et d'estimation n'existent plus. Or, dans ce cas, pour connaître la valeur réelle des objets, on n'aura plus d'autres données que l'impôt foncier. Ainsi, il me paraîtrait juste de prendre tout de suite pour base unique de l'estimation des biens, les rôles de la contribution foncière de 1793, d'autant plus qu'on en a retranché, à cette époque, les redevances et droits féodaux, et que les grandes propriétés soumises à l'abonnement ont été cotisées comme toutes les autres, au taux voulu par la loi. Au moyen de cette disposition, les émigrés seraient traités, dans tous les départemens, avec la plus parfaite égalité ; et leur sort ne dépendrait nullement du plus ou du moins de régularité apportée dans les estimations. Lorsque cette liquidation sera ainsi établie, il conviendra de retrancher de son montant total la valeur nominale des dettes que le gouvernement a acquittées pour le compte de l'émigré, et il ne sera dû à ce dernier que l'excédant.

Il me semble que c'est ici le moment d'examiner si le gouvernement est dans le cas de profiter des bénéfices de l'art. 3 de l'arrêté du 3 floréal an XI, relatif à la confusion des créances et des droits appartenant à l'émigré, et je n'hésite pas à me prononcer pour l'affirmative, par le motif que l'émigré ne peut être traité plus favorablement que le créancier qui n'a pas quitté la France ; et d'après cela je persiste à dire qu'il est juste de retenir, sur le debiteur émigré, le montant (valeur nominale) de la créance, tandis que l'émigré créancier ne doit être indemnisé que de la valeur réelle, existant au moment où la nation a envahi les biens de son debiteur.

L'acquittement des dettes des émigrés n'est pas la seule cause de la diminution de la dette de l'état. On en trouve d'autres dans les faits qui ont suivi leur radiation. Un grand nombre d'émigrés est rentré dans ses propriétés, soit par suite d'arrangemens particuliers avec les acquéreurs, soit en les retirant des mains de leurs parens ou amis qui les avaient achetées pour les leur conserver. Et sans doute, en pareil cas, l'émigré n'est pas fondé à prétendre toucher en totalité la valeur de son bien aliéné, puisque le gouvernement ne doit lui tenir compte que de la somme qu'il a réellement déboursée pour redevenir propriétaire. Agir autrement, serait charger l'état d'une dette qu'il ne doit pas supporter, attendu qu'il ne doit compte que de la perte qu'éprouve l'émigré par suite de la sanction donnée par le Roi aux actes du gouvernement de fait.

Si, comme on a lieu de le croire, ces règles sont adoptées et suivies dans la liquidation des dettes qu'il s'agit de rembourser, on pense que le montant de l'indemnité à distribuer aux émigrés pour la perte de leurs biens fonds et de leurs créances constituées, n'excédera pas 700 millions.

Quant à la manière d'en effectuer le paiement, deux moyens se présentent. Le premier est la caisse d'amortissement, recréée par la loi du 28 avril 1816

Cette caisse, dotée d'abord de 20 millions, avait pour destination l'amortissement, non-seluement de la dette inscrite, mais encore de la dette non liquidée. Mais, pendant la session de 1817, les intérêts financiers ayant prévalu dans la chambre sur ceux des contribuables, la dotation de la caisse d'amortissement a, par la loi du 25 mars, été élevée à 40 millions.

Cette mesure a produit, sans doute, les meilleurs effets; car le cours des effets publics, loin de baisser, s'est élevé en peu d'années au-dessus du pair. Ce résultat prouve que l'action de l'amortissement est trop puissante sur l'état de la dette; qu'en rachetant au-dessus du pair elle ne peut qu'appauvrir le contribuable foncier, sur qui seul pèse l'impôt des 40 millions de dotation; et qu'il est temps de s'occuper des moyens d'atténuer la force de ce lévier. Or, le moment me paraît opportun, et je pense qu'en conservant à la caisse d'amortissement sa dotation ainsi que ses revenus, on pourrait la charger de payer les intérêts des annuités à 4 pour 100, à créer pour l'acquittement de l'indemnité. Si l'on rejette ce moyen, sous prétexte de réserver à la caisse d'amortissement toutes ses ressources pour les appliquer à l'extinction de la dette inscrite, suivant son institution, il serait facile de pourvoir au paiement des intérêts de l'indemnité, sans recourir à de nouveaux impôts, au moyen d'une modification et d'une plus juste répartition de la contribution indirecte qui porte sur les liquides. Et on en appréciera tous les avantages, si l'on veut bien enfin considérer que la France récolte, année commune, 50,000,000 hectolitres de vin, qui se consomment, en presque totalité, dans l'intérieur, tandis que l'impôt ne se perçoit que sur 12,000,000 hectolitres au plus, consommés, en grande partie, par la classe la moins aisée de la société. Le surplus est donc absorbé par la consommation des gens aisés ou débité en fraude sans aucun profit pour le trésor, quoique, dans la réalité, le consommateur tienne compte de l'impôt au débitant. Pour remédier à cet état de choses, et puiser, dans l'amélioration indiquée, les ressources dont on a besoin dans la circonstance actuelle, il semble qu'on pourrait assujétir, sans distinction, tous les vins consommés en France, à une imposition fixe, qui serait supportée également par les consommateurs de toutes les classes; et, par ce moyen, on créerait un revenu plus que suffisant pour faire face à la nouvelle dépense à laquelle il s'agit de pourvoir.

Tous les Français accueilleraient avec empressement une loi qui, tout en consacrant les vrais principes de la propriété, aurait pour effet d'indemniser équitablement ceux qui ont été injustement dépouillés de leurs biens, et, pour résultat, une réduction dans les charges contributives qu'ils supportent.

En me résumant donc, je pense avoir suffisamment démontré que l'émigré, lors de la rentrée du souverain légitime en France, devait être remis en possession de ses immeubles envahis; mais qu'il n'a aucune repétition a faire à titre de non jouissance de fruits, de pertes de meubles ou de choses mobilières;

Que le Roi, en affermissant les acquéreurs dans la jouissance et la possession des biens nationaux, n'a fait qu'user du droit de domaine éminent, sans atténuer les titres que l'émigré dépossédé conservait à une juste indemnité ;

Que cette indemnité ne peut, équitablement, se borner à la valeur des biens fonds ; mais qu'elle doit comprendre aussi le prix des offices, les rentes foncières, les redevances sur l'état, ainsi que les rentes constituées sur le clergé, les provinces et les communes, attendu que le gouvernement s'est chargé de ces dernières dettes, et que cette opération n'a pu changer la nature des contrats de constitution, qui, d'après les anciennes lois, étaient réputés immeubles ;

Que l'émigré doit être assujéti au remboursement intégral des dettes qu'il avait contractées, parce que l'indemnité dont il doit jouir ne peut lui être allouée qu'à titre de justice ; et que pour mettre les créanciers en situation de faire valoir leurs droits, on ne peut se dispenser d'insérer dans la loi à intervenir une disposition dans le sens de l'art. 8 de la loi du 9 ventôse an XII (29 février 1804) ;

Que les baux, procès-verbaux d'estimation et d'adjudication, sont insuffisans pour servir de base à l'indemnité, et qu'il faut prendre, pour base unique, la répartition de la contribution foncière de 1793 ;

Que l'émigré ne doit être remboursé de ses créances sur l'état, le clergé, les provinces et les communes, que sur le pied du tiers de leur valeur nominale, en inscriptions de 5 pour 100 consolidés ;

Que, dans la liquidation, on doit lui precompter, non-seulement le montant, valeur nominale, des dettes acquittées à sa décharge par le gouvernement, mais encore les sommes dues par l'émigré lui-même à d'autres émigrés ;

Que l'émigré créancier ne peut réclamer que la valeur réelle des créances acquises au gouvernement par l'effet de la confusion des droits des émigrés, au moment où l'état s'est emparé de leurs biens ;

Que l'émigré qui, par quelque moyen que ce soit, s'est remis en possession de ses biens, ou les a aliénés depuis sa rentrée en France, ne peut prétendre au remboursement que de la somme qu'il a réellement déboursée pour redevenir propriétaire ;

Que le partage de l'indemnité due pour les immeubles des émigrés décédés, doit être effectué d'après les lois existantes avant le décret du 5 brumaire an II (26 novembre 1793) ;

Qu'enfin l'on peut, en conservant à la caisse d'amortissement ses revenus et sa dotation, la charger de payer les intérêts des annuités à 4 pour 100 qui seraient créées pour l'acquittement de l'indemnité ;

Mais qu'il n'existe pas de meilleur moyen de pourvoir au paiement de l'indemnité, sans établir de nouvelles charges sur les contribuables, que de faire payer à tous les consommateurs, sans distinction de classes, un droit égal et uniforme sur tous les liquides qu'ils consommeront.

www.ingramcontent.com/pod-product-compliance
Lightning Source LLC
LaVergne TN
LVHW020517230826
846091LV00008BA/3490
9782013576192